8° Z. La Serna. 7550

SERMON FVNEBRE,

FAICT AVX OBSEQVES DE HENRY IIII. ROY DE France & de Nauarre, le 22. de Iuin 1610. dans l'Eglise de S. Iacques de la Boucherie.

Par Fr. IACQVES SVARES Obseruantin Portugays, Docteur en Theologie, Predicateur ordinaire & Conseiller de sa Maiesté.

A PARIS,
Chez NICOLAS du FOSSE' ruë S. Iacques au Vase d'Or.

cIɔ Iɔc. x.
Auec Priuilege du Roy.

A la Royne.

MADAME,

à la mienne volonté, que le sujet que ie vous offre, vous peust apporter autant de contentement, comme ie vous souhaitteray pendant que mon ame respirera en mon corps. Mais comme il est tout plein de larmes, ainsi ie m'asseure que la lecture d'iceluy sera accompagnee des vostres. I'auois intention de vous consacrer quelque œuure de plus grand pris, vos biens-faicts ayans desia preuenus mes intentions. Mais ceste occasion premiere qui s'est offerte, est bien contraire aux desirs que i'auois, pour le sujet qu'elle represente, à sçauoir, toute la France en general, & chacun ordre en particulier, deplorant & gemissant la mort deplorable de nostre grand Roy, comme la perte est irreparable & inestimable. Ie vous supplie tres-humblement, Madame, qu'ainsi comme l'vniuers a l'œil sur vous pour remarquer les perfections que faictes rayonner en vostre personne : tout de mesme, vous iettiez le vostre sur ce Sermon funebre, afin que si d'auenture se trouue quelqu'vn si audacieusement insolent qui presume s'attaquer à chose qui vous est dediee, traictant principalemẽt des louãges d'iceluy, auquel vous auez esté sacrée, dardez sur luy vn des rays de vostre Maiesté Royale, qui luy mette la honte sur le front & la confusion dans l'ame. Cependant ie prieray Dieu, qu'espanchant continuellement ses benedictions sur le Roy, sur vous, sur vostre vie, & toutes vos actions, à la fin d'icelles vous face iouyr de la felicité eternelle.

Vostre tres-humble & tres-obeyssant subiect,
Fr. IACQVES SVARES de Saincte Marie.

AVANT-PROPOS.

Ite-Live & Plutarque sont autheurs, que le vaillant & renommé Brutus ayant chassé de la ville de Rome les Tarquins Roys & tyrans d'icelle, & mis la Republique en toute liberté & repos, fut en fin malheureusement tué par la main d'vn sien cousin Drums. Le Senat receut le corps massacré auec vn triomphe solennel porté sur les espaules des plus nobles, mais accompagné de larmes & gemissemens, tesmoignant le sentiment qu'ils auoient de la perte d'vn si recommendable Citoyen & defenseur de la liberté publique. En ces obseques & pompes funebres fut en Rome ouy la premiere oraison funebre qu'auparauant feust esté prononcée en icelle, pour recommander le merite d'vn si grand personnage, & loüanger ses actions toutes dignes de loüange. Et fut de mesme enjoinct aux Matrones Romaines de porter le deüil vn an durant, qui estoit le terme prefix par les Ordonnáces de Numa Pompilius. Nous auons vne representation à faire d'vn grand & inuincible Roy, lequel n'a seulement pacifié son Royaume domptant les mõstres & partisans d'iceluy, appaisant les orages

A iij

& tempeſtes des guerres ciuiles, mais encores celles de toute la Chreſtienté. Car c'eſt luy, qui ſans bouger de ſon Royaume, a faict ceſſer les tumultes en Italie entre ſa Saincteté & la Republique Venitienne. C'eſt luy qui auec ſa ſeule parolle pacifia les troubles de la Flandre, qui l'auoient inquietee trente ans durant. C'eſt luy qui fit le hola entre le Duc de Sauoye & la Seigneurie de Geneue, & amortit le feu qui s'alloit enflammer au grand dommage de l'vn & l'autre party. C'eſt luy qui auec vn ſeul Edict & commandement arreſta les eſpees enſanglantees de ſa Nobleſſe, & rendit calmes toutes leurs inimitiez & diſſentions: Mais, ô cas miſerable! celuy, les armes duquel faiſoient trembler toute l'Europe, eſt priué de la vie & deſſeings immortels, par vn ſeul coup de couſteau. Celuy qui au milieu d'vne floriſſante armee ſe rendoit inuincible, eſt arreſté par le bras d'vn ſeul homme incogneu. Celuy qui faiſoit trembler les plus aſſeurez, par la perte de ſon ſang, nous eſt repreſenté priué de vie & de ſentiment.

Quis talia fando,
Temperet à lachrymis!

Ie ſuis icy deſpourueu & de langages & d'artifices pour vous exagerer combien nous deuons tous ſentir vne telle mort.

Prions la Diuine bonté qu'il nous face la grace de dire quelque choſe en ceſte actió qui ſoit à ſa loüange, gloire & recommendation des merites de ce grand Roy.

THEMA.

IN die illa magnus erit planctus in Jerusalem, sicut planctus Adrademon in campo Maguedon, & plangent terræ familiæ, & familiæ seorsum: familiæ domus Dauid seorsũ, & mulieres eorum seorsum: familiæ domus Nathan seorsum, & mulieres eorũ seorsum: familiæ domus Leui seorsum, & mulieres eorũ seorsum: familiæ domus Semei seorsum, & mulieres eorum seorsum: omnes familiæ reliquæ familiæ & familiæ seorsum & mulieres eorum seorsum. Zachariæ 12.

LEs amitiez que nous contractons, les confederations & alliances que faisõs, est pour auoir des amis participans tant de nos prosperitez qu'aduersitez: Alexandre fils d'Antioche dit le Noble, escriuit vne lettre au Prince Ionatas accõpagnee de presens, à sçauoir d'vne robe de pourpre & couronne d'or, par laquelle recher-

A iiij

chant font amitié, luy difoit; *Vt quæ funt noftra nobifcum fentias*: C'eft à dire, afin que tu fois participant de nos biens & de nos maux comme il eft raporté au 1. des Machabées chap. 10. Mais à la verité où l'amour fe monftre plus grand c'eft au fentiment des douleurs & afflictions de la chofe aimee. Car tant grand eft l'amour, tant grande eft la douleur qu'il caufe; d'où vient qu'en l'Efcriture fainéte l'amour eft fouuent pris pour la douleur, & la douleur pour l'amour. Des deux vieillards qui ont attaqué fainéte Sufanne, eft dict en Daniel, *Ambo erant vulnerati amore, nec indicauerunt dolorem*, où l'vn eft pris pour l'autre. Et parlant Ieremie à la ville de Ierufalem, deffous la forme d'vne courtifane publique luy dit, *Contempferunt te amatores tui*, lequel paffage, felon l'Hebrieu, autres traduifent *fufpiratores tui*, tellement que ce que l'vn dit amateur, l'autre dit, pleureux; car la force de l'amour fait cognoiftre fes effects par larmes & actions externes. Alexandre le Grand feit chofes extraordinaires en la mort de fon amy Epheftion: car il feit rafer le poil & la barbe à tous les foldats de fon armee, fit couper les crains à tous les cheuaux & mulets (cóme les Medes auoient fait auparauant en la mort de leur Maftritius) & difent Arianus & Diodore Sicilien, qu'il luy feit baftir vn fepulchre efgal à touts les autres merueilles du mõde, auquel il defpenfa la fomme de douze mil talents, qui font fept cens & vingt mil efcus; mais tout cela n'eftoit rien à comparaifon des larmes qu'il ietta, comme fi c'euft efté vne femme sans vouloir iamais estre consolé d'icelles iusques à ce qu'il receut responce de l'Oracle de Iupiter Amon, que son amy meritoit d'estre honoré comme Dieu auec sacrifices. L'amour qu'il luy portoit, se faisoit sentir par les pleurs, desquels n'en sont exempts les plus animez & courageux.

Le grand Patriarche Abraham eut bien le courage de vouloir sacrifier son fils selon le commandement de Dieu: mais quand ce vint à la mort de sa femme, dit l'Escriture saincte, *venit vt ploraret vxorem suam.* car la douleur ne se pouuoit cōtenir sans dōner ses signes d'amour. Le mesme fils de Dieu n'a pas voulu exempter son humanité de ceste regle cōmune: car voyāt son amy le Lazare mort, se mit à plorer, & les Pharisiens qui estoient presents, dirent, Voylà comme il l'aimoit: comme si les larmes fussent indicatiues de l'amour. Par là nous pouuons iuger combien nostre sainct Pere le Pape Paul cinquiesme, qui est auiourdhuy, aymoit nostre defunct Roy HENRY IIII. Car ayāt receu les nouuelles de sa mort le vingt-troisiesme du mois de May à minuict, fit incontinent de ses yeux fontaines de larmes, & la mesme heure enuoya visiter Mōsieur l'Ambassadeur lequel le venant trouuer au poinct du iour, se mirent à plorer l'vn contre l'autre, & furent vne grande espace de tēps sans se pouuoir dire mot, selon les aduis qui viennent de la Chambre de sa Sainctcteé. Ceste action me fait souuenir de ce que raconte Philō le Iuif de Ionathas & Dauid, lesquels la derniere fois qu'ils se virent ensemble, pleurerent tous deux vne grande abondance de larmes dans vn vase de terre, pour representer l'amour qu'ils se portoyēt l'vn à l'autre. Il estoit defendu au grand Prestre de la loy Mosaique de se trouuer iamais à aucunes obseques ou pompes funebres, pour s'exempter de semblables pleurs & gemissements: car il representoit la personne de Dieu exempte de toute passion: & pour ce mesme ne luy estoit licite de regarder vn corps mort: d'où semble que l'ont pris les Gētils, car comme rapporte Corneille Tacite, & Seneque, Tybere Cesar faisant vne oraison funebre pour loüanger son fils, luy fut mis vn voile deuant son visage, & Seneque en rendant raison dit, que pource qu'estant Empereur, il estoit aussi grand Prestre, *vt oculos Pontificis à funere auerteret.* Le mesme raconte Dion Casse estre aduenu à la mort d'Agrippe cōme il y a plusieurs autres exemples aux Histoires Romaines. Parauenture aussi que ceste mesme consideration a esté cause, iusques à maintenant, que les Papes se sont rarement trouuez aux obseques des trespassez, mais iamais à oraison funebre qui se fist en icelles. Ceste regle a esté froissée par le Pape aux funerailles qu'il fit faire en sa Chappelle le 28. du mois de May pour nostre deffunct Roy: mais il estoit raisonnable que la memoire d'vn si grād Prince fust priuilegiee par dessus toutes les autres qui luy auroyent precedé, & que sa Sainckteté comme chef de l'Eglise fist cognoistre combien tout le monde deuoit sentir ceste triste mort, non seulement pour les causes communes, mais aussi pour le particulier d'vn chacun

& principalement en ce Royaume de France. Apres la mort de Proclus tué par Hector, dit Homere, que tous les Grecs pleurerent, non seulement la perte commune, mais le dommage d'vn chacun en particulier, car à tous il seruoit de protecteur & defenseur. Des Scythes, dit Herodote, quand leur Roy estoit mort, on portoit le corps par toutes les villes du Royaume, afin qu'vn chacun mostrast vn sentiment particulier de la perte commune, & ceux qui le receuoient, le deuoient saigner au bras & à l'oreille, pour signifier qu'ils auoient perdu celuy duquel dependoit leur support & aide, & qui leur donnoit les loix, ausquelles deuoient obeyssance.

Or nous nous trouuons auiourd'huy assemblez pour nous saigner du sang du cœur (siege de l'amour) qui sont les larmes, & ressentiment que deuons auoir de la mort de nostre deffunct Roy, qui n'auoit seulement le soing de la conseruation de tout le Royaume en general, comme de son heritage paternel, mais de chacun de ses subiects en particulier, comme pere de tous, & qu'auec sa presence il remplissoit tout d'heur & de felicité. Auquel propos on dit que quand les Ambassadeurs de l'Archiduc vindrent en ceste ville de Paris pour iurer la paix qui auoit esté contractee à Veruin, voyans la ville si differente de l'estat auquel elle estoit durant le siege, si abondante en richesses & marchandises, les bastimens si refaits & accommodez. Finalement leur semblant vne ville nouuelle, dirent à sa Maiesté, Voicy, Sire, vne ville qui a bien changé de face depuis la derniere fois que nous l'auons veuë: car quelques vns d'entre eux s'estoient trouuez dedans durant ledit siege: ausquels il respondit auec la subtilité & gaillardise de son esprit. Quand le Maistre n'est point en vne maison, toutes choses sont en desordre & confusion: mais sa presence sert d'ornemēt à la maison & adiāce toutes les particularitez d'icelle. Vous auez veu ceste ville orpheline de la presence de son prince, maintenant c'est toute autre chose. Ainsi il les picqua de l'vsurpation qu'on vouloit faire de son Estat, & ensemble monstra le soing qu'il auoit du bien public & particulier d'iceluy. Parquoy tous en general & en particulier auons vn tresgrand sujet de pleurer la mort de nostre Proclus & ne donner point de treues à nos yeux tant que la vie nous durera, & l'experience nous fera cognoistre la grandeur de nostre perte.

Nulle chose m'a semblé plus à propos pour vous la representer, que l'authorité de Zacharie, proposée au commencement de mon discours: car le Prophete faict vne description d'vn pleur vniuersel qui deuoit arriuer au mōde semblable à celuy de la ville d'Adrademon, auiourd'huy appellee Maximianopolis, situee en la campagne de Maguedon en la mort du grand Roy Iosie tué d'vn coup de fleche par Pharao dit Nicao, en la campagne pres de ladite ville, qui comme plus proche monstra plus grand sentiment, en laquelle mort Ieremie cōposa ses lamētations pour exciter encores dauantage tout le Royaume de Iudee à recognoistre la perte. Or que la prophetie s'en-

Sermon funebre. 13

tende, ou des maux qui deuoient arriuer sur la ville de Ierusalem, destruite par Tite & Vespasian, selon l'opinion de quelques vns, ou des lamentations & pleurs, que feront les damnez au iour du iugement, se voyans condamnez aux peines eternelles, ce n'est pas nostre subiect de le disputer maintenant; il nous suffit qu'il descrit les familles plorant chacune en son rang, & les hommes separez d'auec les femmes; non comme dit S. Cyrille, qu'ils soient diuisez les vns d'auec les autres; mais pour monstrer que chacū auoit subiet particulier de s'en ressentir tant hommes que femmes, ou bien pource qu'au temps de dueil & pleurs les hommes s'abstiennent de la compagnie de leurs femmes, qui duroit sept iours continuels, comme il est dit en l'Ecclesiastique 22. chap. *Luctus mortui septem diebus.* Car iaçoit que les Ægyptiens pour complaire à Ioseph ayent ploré la mort de son pere septante iours: toutesfois les ceremonies apres le corps enterré se firent de sept iours seulement. Et ce que quelques vns disent que c'est pour representer la cause premiere de la mort, que c'à esté l'inobeyssance de nostre premier pere Adam, lequel selon leur opinion demeura sept iours au Paradis terrestre auant que transgresser le diuin commādement, autant comme le grand Dieu mit à creer l'Vniuers: Les autres disent que cela se faisoit, pour donner autant de temps à la douleur comme aux plaisirs & contentements: car autātqu'ils celebroient leurs nōpces, se donnoiēt sept iours à continuelles delices. Et pource le Prophete dit, que le pleur sera des hommes à part, & des femmes à part selon laquelle conception interprete sainct Ierosme le dire du Prophete Ioël, *Egredietur sponsus de cubili suo, & sponsa de thalamo suo.*

Zacharie par apres denombre ceux qui se doiuent employer en ce pleur vniuersel, & nomme premierement la famille de Dauid, par laquelle entēd les enfans du Roy & leur mere puis apres parle de la famille de Nathan, où sont entendus tous les Princes du sang : car il estoit frere germain de Salomon, & son fils Azarias grand maistre de sa maison. Il vient par apres à representer les trois estats : car en la famille de Leui, de laquelle estoient prins les Pontifes, Prestes & Leuites, representoient le Clergé. La Noblesse est descrite en la famille de Semei, duquel descendoient tous les principaux & nobles qui gouuernent le Royaume. Apres le Prophete descrit le tiers Estat, disant: *Et omnes familiæ reliquæ, &c.*

Or ie veux dire que nulle chose se peut presenter plus à nostre propos que cest ordre, ces pleurs, ces lamentations, pour pleurer la mort de nostre, non Iosias, mais de Hᴇɴʀʏ IV. qui le surmonta en valeur & magnanimité: Car si nous leuōs les yeux vers la famille Royalle, & considerons ce Roy pupille qu'il nous a laissé auec sa mere & les autres freres & sœurs qu'elle a engendrez, nous pouuons hardiment dire, *plorabunt familiæ domus Dauid seorsum.*

Les nommant famille de Dauid : car de trois choses est loüé ce grand Roy de Iudee, lesquelles toutes trois nous trouuerons en

nostre Roy de France HENRY IIII, laissant
à part autres particulieres que nous luy pourrions accommoder comme à Roy de France
seulement: car les Hebreux disent que quãd
parmy eux on nommoit le Roy simplement,
on entendoit parler de Dauid par excellence
& antonomasie: Tout de mesme de toute antiquité, quand on disoit le Roy, on entendoit
le Roy de France; comme le dit Suide autheur Grec & ancien, & Boniface Vitalinis auditeur de Rote en sa preface sur les Clementines dict ainsi, *Dicendo simpliciter Episcopus,*
debet intelligi de supremo hoc est Romano per excellentiam, vt dicimus quod appellatione Regis
simpliciter facta, debet intelligi de Rege Franciæ
per excellentiam. Et de fait la couronne que le
Roy Clouis voüa à S. Pierre fut appellee par le
Pape Hormisde, *Regnum*; comme le tesmoigne Sigisbert, donnant à entendre que luy seul
estoit le vray Roy en l'Europe.

Mais ie viens aux particularitez de ce qui
concerne la personne de nostre deffunct Roy
comparé auec Dauid. La premiere desquelles c'est la valeur que monstra ce grand
Roy de Iudee en la conqueste de son Royaume, lequel il trouua par la mort de son
predecesseur Saul, tellement dissipé & ruiné qu'il passa la plus grande partie de sa vie
en guerres perpetuelles contre les Philistins,
Amonites, Gebusiens, & autres diuerses &
barbares nations qui possedoient quasi la meilleure partie d'iceluy, desquels apres auoir arraché les places fortes & villes par plusieurs
sieges & combats, en fin triompha glorieu-

sement, laissant l'Estat de la Iudee pacifique à son fils Salomon, & tous ses subiects riches & pleins de prosperité. Or combien cecy a esté plus remarquable en la personne de nostre defunct Roy, tout le monde vniuersel en est tesmoin, sçachant en quel estat il entra en ceste Monarchie Françoise apres la mort de HENRY III. son predecesseur, quelles affaires luy sont tombees sur les bras, combien de batailles & rencontres luy a fallu gaigner, accompagnees de plus de soixante sieges de villes, reduites par sa valeur à son obeïssance; extirpant les monstres domestiques & estrangers, tousiours infatigable aux labeurs Martiaux, & de sa seule presence confortant les siens, & espouuentant les ennemis, comme luy aduint en la bataille d'Iury, auant laquelle preuoyant ce qui deuoit arriuer, se feit mettre vn plumache blanc en son accoustremēt de teste, & dict à la Noblesse qui estoit autour de luy, Voicy ceste plume qui vous seruira auiourd'huy de guidō, laquelle suiuant nous triōpherons de nos ennemis: Et de faict les drapeaux estās tōbez par terre luy seul seruit de Capitaine, Lieutenant & Enseigne, & s'acquist vn los & victoire immortelle: Et n'en fut point de moindre hardiesse l'entreprise qu'il fit l'an 1595. pres de la ville de Dijon, attaquant auec quatre vingts cheuaux deux mille des ennemis qu'il mit en route, & fit prēdre la fuite deuāt les siens. Mais quoy? c'estoit des Gentils-hommes vrayement François, qui en la presence de leur Roy sont quasi tousiours inuincibles.

On asseure

On allegue que le deffunct Roy d'Espagne Philippes second assembla son Conseil sur le faict de la paix, qui par apres fut arrestee à Vervins, & demandant l'aduis d'vn chacun des Conseillers, l'vn qui estoit exempt de toute passion & à l'imitation de ceux des Perses, ayāt la Couronne dessus sa teste, comme si à luy seul appartenoit l'affaire de tout l'Estat, dit hardiment ces paroles, La consideration des choses presentes fait pronostiquer aux sages l'euenement des futures: parquoy si nous regardōs l'estat de nostre Royaume, & vn Roy, qui iusqu'à present l'a gouuerné plustost par sa prudēce, que par la force de ses armees, maintenant saisi d'vne infinité de maladies & douleurs, lesquelles ne peuuent laisser d'appesantir son ame, & vn Prince qui luy doit succeder, n'entrant encores que dans les faux-bourgs de sa ieunesse, sans autre experience que celle que luy donne son courage, & la magnanimité de son sang. Et si d'autre costé nous iettons nos yeux sur la France Royaume si fleurissant que le pouuons comparer à la palme, laquelle tant plus ses rameaux sont chargez, tant plus les fait esleuer en haut: ainsi elle tant plus s'est veuë chargee de guerres ciuiles & estrangeres, mais tousiours triomphante & releuee de tous ses malheurs par la vertu d'vn Roy, à qui semble que la fortune luy paye tribut & faict hommage: car ayant esté recognue estre de la tige de sainct Loys, reconcilié par le Pape à l'Eglise, le plus courageux qui iamais porta l'espee à la ceinture, couronne en teste, sceptre en la main, qui sans peur se pre-

au temple, senoistre grand Roy trouuant la Couronne endebtée à son entree au Royaume, de douze millions de liures, non seulement les a payees & deliuré sondit Royaume de

le premier, où il y a plus de sang & de danger, & sort tousiours plein de lauriers & de trophees, nous iugerons hardiment combien la paix nous est necessaire. Ainsi parloit-on de luy aux plus priuez conseils de ses ennemis, tel

semblables obligations, mais a encores laissé vne grande quantité de richesses amassees à son fils, lesquelles nous esperons, qu'il employera à la gloire de Dieu & bien de l'Eglise, succedant au pere en prudence & vigilance aux affaires.

La secõde chose de laquelle l'Escriture saincte louë Dauid & le recommande, c'est la clemence Royale & facilité de pardõner à ses ennemis, ce que luy-mesme presentoit à Dieu comme vn sacrifice tres-agreable, disant: *Memento Domine Dauid, & omnis mãsuetudinis eius.* Son grand ennemy Saül ayant eschappé d'entre ses mains lors qu'il le tenoit en son pouuoir dans la cauerne du desert, comme il est raconté au premier liure des Rois, chapitre 24. l'experimenta bien: car l'allant chercher pour le tuër, Dauid se contenta de luy couper vn échantillon de sa robbe, sans le vouloir autrement offenser, quelque instance que luy fissent ceux qui l'accompagnoient: mais luy sorty dehors luy monstra du haut de la montagne la piece de sa robbe couppee, & luy fit cognoistre de quel amour il s'estoit porté en son endroict, luy qui estoit son vray ennemy, dõt le mesme Saül se mit à crier, comme plein d'admiration, de veoir vn tel acte de son ennemy, disant: *Nunc scio quia certissimè regnaturus sis, & habiturus regnum in manu tua,* confessant ingenuëment qu'vne telle bonté & clemence ne se pouuoit trouuer qu'en vn cœur vrayement Royal. Et l'Abulensis est d'opinion que Dieu inspira Dauid à faire ceste action, & la representer non seulement à Saül, mais à toute son armée, à fin de les disposer à le recevoir pour Roy: estant la clemence, la vertu qui incite plus les subiects à aimer leur Prince: Car côme disoit Cleomenes, la charge d'vn Roy est non seulement de faire bien à ses seruiteurs, mais de s'acquerir l'amitié de ses ennemis par bien-faicts & bonté Royale, ce qu'Herode peste de la nature humaine protesta bien à l'heure de sa mort, comme rapporte Egesipe: car ayant veu par experience les maux & incommoditez que luy auoit apporté sa cruauté enuers les siens, dit ces paroles traduictes par S. Ierosme: *Si pietas manet, regnum delectat: si desit pietas, turpe est imperium & plerumque noxium.* Or en quel Prince du monde ceste vertu a plus rayoné qu'en nostre deffunct Roy HENRY IIII? Il semble qu'elle a esté l'estoille du Nort qui a conduit sa vie, & l'a renduë tres-admirable sur tous les autres Princes de la terre, car quel ennemy l'a iamais offencé à qui il n'ait pardonné, & n'ait receu auec les bras ouuerts, se rendant à luy; Iamais son espee n'a offencé aux plus grandes ferueurs de la guerre l'ennemy qui poursuiuoit sa mort, en luy disant, Ie me rends: qui monstroit bien la generosité de son ame & la vertu Royale de son esprit.

Le bon larron estant en la Croix dressa sa parole à nostre Seigneur, luy disant, Souuenez vous Seigneur de moy quãd vous serez en vostre Royaume: & qui luy eust demandé quelle apparence il y auoit de croire qu'il fust Roy, vn homme crucifié côme luy, vilipédé & mesprisé des Iuifs & des Gentils, il eust respondu dit S. Ieã Chrysost. que la priere qu'il luy auoit

B iiij

ouy faire pour ses ennemys, demandans leur grace au Pere eternel, auoit esté la cause, iugeant fort bien, que telle clemence & bonté ne pouuoit estre logee qu'en vn cœur vrayemēt Royal; comme auons veu que Saul confessa le semblable en Dauid. Ceux qui ont esté auprés de nostre defunct Roy durant la guerre de Sauoye, sçauent fort bien qu'il receut vn aduis qu'il y auoit deux hommes qui auoient entrepris sur sa vie, les portraicts desquels luy furēt ennoyez, & comme il estoit dans sa ville de Lyon à la fin de ladite guerre, furent recognus voltigeās à l'entour de sa personne lesquels ne voulut permettre qu'on saisist, disāt que sa vie estoit entre les mains de Dieu, duquel il confessoit la tenir; qui par sa iustice ne laissoit iamais telles meschancetez impunies. O clemēce Royalle qui a bien surmōté celle de Dauid! car s'il a pardōné à Saul c'estoit son Roy & son Prince auquel n'estoit pas licite de toucher selon la loy diuine & naturelle: mais nostre Roy pardonna à son subiet qui contre toute loy diuine & humaine attentoit contre son Prince & Roy naturel, lequel semble qu'auoit grauees en son souuenir les paroles de nostre Seigneur; Laissez moy la vengeance & ie la feray. Toute sorte de cruauté estoit tellement esloignée de son ame que mesme les vestiges de la iustice dignement executee a voulu estre ostez de deuant le Palais d'icelle: pour monstrer combien il haïssoit la memoire mesmes de ceux qui auoyent voulu entreprendre contre sa personne. Ceste vertu entassee en son esprit, me sert quasi d'vne marque & signe de sa predestination: puis que le fils de Dieu nous a asseuré qu'en pardonnant à nos ennemis il nous pardonnera nos fautes & pechez : & que de la mesme mesure que nous mesurós autruy, nous serons aussi mesurez. S. Gregoire de Nice expliquant les paroles de nostre Seigneur, dict Si tu veux obtenir pardon de tes pechez, pardonne à tes ennemis; sois iuge de toy-mesme, & par ta sentence & iugement te rends absous ou coulpable: car Dieu de son costé a desia prononcé son Arrest, de la façon que tu iugeras, tu seras iugé. Ainsi pouuōs nous croire que Dieu à l'heure de sa mort, en recompēse de sa bonté & clemēce Royalle enuers ses ennemis luy aura donné quelque diuine inspiratiō, pour bien recognoistre ses pechez, & estre mort auec la contrition & douleur d'iceux.

La troisiesme vertu recommandee en Dauid: ç'a esté l'affection à la religion & establissement d'icelle par tout son Royaume, comme le principal fondement de l'Estat: car quand elle benit les actions du Roy, se trouuent tousiours pleines de prosperité & graces du Ciel. Elisee estāt au lict de la mort, mit ses mains sur les mains du Roy Ioas, & le fit ainsi deschocher les flesches de son arc contre l'Assyrie, de laquelle par ce moyen il predit deuoir reporter la victoire: comme si elle dependoit de la benediction du Prophete. Nostre defunct Roy a esté esloigné du giron de l'Eglise, iusques à ce que la diuine lumiere a esclairé son ame pour recognoistre la verité, & se ranger à icelle. Et puis que nous sommes en l'Eglise de sainct Iacques ie diray qu'il semble que cest Apostre a voulu

B iiij

payer à la Frāce vne debte qu'il luy deuoit: car son Eglise en Compostelle ayant esté acheuée, enrichie & embellie par Charlemagne, & par son commandemēt consacree par Turpin Archeuesque de Reims; accompaigné de soixāte autres Euesques, & depuis visitee & frequētee par la nation Françoise, plus que par nulle autre du monde, cest Apostre a voulu interuenir à la conuersiō de nostre Roy. Car elle fut faicte au iour & solemnité du mesme Apostre le 25. de Iuillet 1593. dans l'Eglise de S. Denys abiurant l'heresie Caluinienne, en laquelle il auoit esté nourry, & professant la croyance de l'Eglise Catholique, Apostolique & Romaine, en laquelle tous ses predecesseurs auoient vescu depuis le Roy Clouis iusques à luy, faisant la guerre à toutes sortes de mōstres heretiques, comme feront tous ses successeurs, assistez de la grace de Dieu. Depuis a tousiours creu en luy le desir de veoir augmenter la mesme religiō par luy professee, & la veoir florir par tout son Royaume. Rien ne le touchoit plus au cœur que la conuersion des pretendus reformez, iamais ne voyoit ses Predicateurs, qu'il ne s'enquist auec vne grāde diligence, s'il y auoit quelques vns de cōuertis, voulāt estre informé des qualitez & nōs des personnes, & festoyer leur conuersion, comme vne chose qui luy venoit fort à souhait, & aggreoit à son ame. Et qu'on ne dise point qu'il a fait passer vn Edict qui semblē trop fauoriser les huguenots, car les affaires de son Estat, & le desir de conseruer la paix au dedans d'iceluy, cōme il auoit faict au dehors ne le permettoient faire autre-

lors qu'on confidere en contr'eschange, que l'exercice de la Religion Catholique, par ce mesme Edict a esté introduit en vne infinité de villes, bourgs & villages, où il ne se faisoit point auparauant, & les Ecclesiastiques ont esté remis en la possession de leurs biens, heritages & domaines, desquels auiourd'huy ils iouyssent paisiblement. On asseure de luy que les Protestás d'Allemagne luy offrirēt de le faire dire Roy des Romains, ce qu'il refusa: car les affaires de son Estat ne luy permettoient de l'entreprendre. Mais comme passant outre, on le pria de vouloir assister lesdits Princes protestans, pour y pouuoir paruenir, il respōdit auec vne promptitude tres Chrestienne & courage vrayemēt Catholique, qu'il n'assisteroit iamais de son secours & ayde, à l'eslection d'vn Empereur qui ne fust obeissant à l'Eglise Catholique, Apostolique & Romaine, & que plustost tourneroit ses armes contre ceux qui voudroient faire le contraire. Que si maintenant il les auoit prinses pour fauoriser lesdits Princes touchant les affaires de la Duché de Cleues, il ne faisoit ayāt auparauant tiré parole & promesse d'iceux, qu'ils ne permettroient estre faict aucū changemēt en matiere de la religiō en ladite Duché, mais laisseroiēt viure les Catholiques cōme ils auoiēt fait du tēps du deffunct Duc, sans y introduire autre exercice, ny Luterien, ny Caluiniste, tousiours desireux de veoir florir la foy par luy professee. C'est cela mesme qui le fit entreprendre de faire la charge de President en la conference de Fontaine-bleau, & se resiouyssoit & esgayoit son ame voyant comment ce grand Achille de nostre siecle Monsieur le Cardinal du Peron menoit à son plaisir toutes les puissances contraires, & faisoit voir au iour leurs faussetez & impostures: car ç'a esté la gloire de son ame, l'accroissement des Catholiques, & de la vraye religion; vray imitateur de Dauid, à fin que sa famille royalle se peust nommer la famille de Dauid.

Il est vray qu'vne chose manqua à ce grand Roy de Iudee, laquelle le malheur a voulu qu'aye aussi defailly à nostre grand roy, pour le rendre vn tableau de toute perfection, c'est ce que manque quasi à tous les Roys & Princes de la terre: à sçauoir, qui leur die librement la verité, & represente ses vices & imperfections. Seneque dit que le Philosophe Thelesphore demanda aduis à Aristote, comme il se deuoit gouuerner auec Alexandre le grand, combien que les autres tiennent que ç'a esté Calistene, & qu'Aristote luy dit, *Loquere ei vel quàm raro: vel quàm iucundè*. Car il sçauoit fort bien qu'il ne seroit pas bien venu en la Cour, s'il portoit dans sa bouche les flambeaux de la verité. Dauid apres le peché commis auec Bersabee fut tout vn an entier sans le recognoistre, ny offrir le sacrifice ordonné par la loy pour l'expiation d'iceluy: car de tous ceux qui s'approchoient de sa personne, pas vn ne se trouua qui luy representast son offence, & le scandal qu'il auoit donné; mais tous le flattoient, comme si cela eust esté permis à vn Roy, & fust exempt de l'obligation des loix diuines: iusqu'à tant que Dieu luy enuoya le Prophete Nathan, qui luy exaggera librement son vice & son ingratitude enuers Dieu, qui l'auoit enrichi de tant de bien-faicts de sa main liberale. Parquoy luy apres au Pseaume 50. qu'il composa pour crier mercy à Dieu, disoit, *Tibi soli peccaui, & malum coram te feci*: comme s'il disoit: Ie n'ay point, Seigneur, offensé Vrie, car iaçoit qu'il semble que sa mort soit aduenuë par mon commandement & ordonnance, toutesfois il est mort au lict d'honneur sur la bresche, comme doit faire vn vray gendarme de sa profession, & s'est acquis vn los immortel. Ie n'ay point offensé Bersabee, car si ie l'ay prise à son mary, de femme de simple soldat qu'elle estoit, ie l'ay faite Royne, femme & mere de Roy: ie n'ay pas aussi offensé ses courtisans & Prophetes qui estoient à l'entour de moy: car tous m'ont serui de flateurs en mon peché, & nul s'en est monstré offensé d'iceluy. C'est toy seul, ô mon Dieu, qui m'as fait la reprehension par la bouche de Nathan, parquoy ie dis *Tibi soli peccaui*. Ie ne doute point que si nostre deffunt Roy Henry IIII. eust eu aupres de soy, qui librement luy eust parlé en temps & lieu, que fort facilemét luy eust fait faire bãqueroutte à toutes les imperfectiõs ausquelles sembloit estre incliné. Ie puis parler cõme tesmoin asseuré: car m'ayãt demãdé vn iour de Caresme en la presẽce de la Royne, quel subiect i'auois traicté à ma predication ce iour là, & luy ayãt dit, que la lettre de l'Euãgile que i'auois expliquee, m'auoit fait exaggerer & inuectiuer cõtre le peché de l'adultere, tãt aux hõmes qu'aux femes, si abominable deuãt Dieu &

ses Anges, & odieux à toute l'Eglise, pour estre vn peché qui traine apres soy vne infinité d'offences contre Dieu & le prochain, & toute la republique: Iamais ce Prince ne me fit meilleure chere, ny me regarda de meilleur œil, & voulut par apres sçauoir de moy en particulier, en quoy particulieremēt vn adultere offense toute la republique, & croy fermement que si les flatteurs pleins du desir de seulement gaigner son affection particulier ne se fussent glissez auec leurs discours & paroles emmiellees aux plus secrets affaires de ce Prince, que fort aisémēt il se fust despoüillé de tout ce qui contreuenoit aux Commandemens de Dieu, duquel il estoit fort craintif, & inuoquoit souuent sa misericorde. Dieu nous garde des flateurs aupres d'vn Roy, car ils gastent tout le bon, tant de l'ame que du corps. On dit que Dauid apres sa pœnitence print pour deuise vn Lyon deschirant vn Singe, qui est l'animal par lequel les anciens ont representé le flatteur, auec vne lettre qui disoit, Ie seray tel enuers les miens. Deuise de laquelle par apres s'est seruy vn Empereur Romain: & à la mienne volonté que tous les Rois & Princes de la terre s'en seruissent auiourd'huy, pour esloigner de leur presence tous ces Singes, qui les flattēt en leurs vices, voire mesmes les chastier d'vne rigoureuse iustice.

Dauid mourant laissa son fils Salomon de l'aage d'vnze ans, accompagné de sa mere Bersabee, qui l'incitoit à toute sorte de vertu & exercice Royal. Nostre Roy mourant nous a laissé ce ieune Prince, qui porte desia en son

...ques & insignes Royalles, auquel
...perons que Dieu fera la grace comme
à nostre Salomon d'entasser en son ame toutes sortes de science & sapience pour bien regir & gouuerner le peuple qui luy est commis,
afin qu'il soit l'esperance de ceste grande Monarchie Françoise, & que puissions aller au deuant de luy chantans ce que le peuple Romain
disoit de Marcelle.

Spes vnica nostri tu Marcellus eris.
Manibus date Lilia plenis.

Car ces fleurs de Lis sont tousiours le symbole
de l'esperance, laquelle nous est encores plus
confirmee par la regence de sa mere Marie de
Medicis descendante de ceste grande famille,
qui a merité donner à l'Eglise plusieurs Papes
pour la regir & gouuerner, & à ce Royaume
de France des Roynes pour la regenter au pu-
pillage de nos Rois, & principalement ceste-
cy fille du grand François de Medicis, & de
Ieanne fille de l'Empereur Ferdinand, laquelle
seule estoit reseruee pour nostre defunct Roy,
& pour perpetuer la race de nos Princes François, car comme pour Isaac qui deuoit estre le
Chef de la grande famille Iudayque commen-
cee en son pere Abraham, ne se trouua femme
que la seule Rebecque, que Dieu auoit reseruee pour ce faire: de mesme en toute l'Europe ne se trouua fille aucune pour estre choisi-
ée par mariage & conseruer la tige de nos
Rois tres-Chrestiens, que la seule Marie de
Medicis, vraye lumiere & estoille de nostre siecle, qui ainsi comme le Soleil auec sa clarté ... empesche de iouyr de la clarté des

plus luisans planetes qui sont au Ciel: toutesfois mesme durant la vie de nostre defunct Roy, qui seul reluisoit au gouuernemēt de son Royaume, on n'en pouuoit remarquer les perfections qui estoient entacees en l'ame de ceste genereuse Princesse: mais luy osté de ce monde, quelle vertu a laissé de rayonner incontinent en icelle? Quelle prudence n'a elle monstré en l'establissement de tous les affaires de l'Estat, Quelle Clemence n'a elle faict paroistre pourchassant la reconciliatiō de toutes les querelles qui estoient à la Cour, & attirant à soy toutes les personnes, lesquelles sembloit qu'elle auoit plus de raison de hayr? Quelle pieté & deuotion a elle oubliee pour faire recōmander ses affaires à Dieu, par les personnes plus deuotes qu'elle recognoissoit, se fiāt plus en sa protectiō & bōté qu'en toutes les faueurs & assistances humaines? Quel soing n'a elle eu incontinent de faire instruire son fils & nostre Roy à la pieté & deuotion de ses maieurs, comme la Royne Blanche faisoit à l'endroict du Roy S. Louys, qui semblablemēt luy estoit demeuré pupile entre les bras, mais tousiours regrettant & pleurāt la perte sienne & de tout ce Royaume, comme la ressentāt de plus pres, afin qu'elle premiere en rang ensemble auec son fils, gemisse selon la Prophetie du Prophete, *Familiæ domus Dauid seorsum, & mulieres eorum seorsum.*

Le Prophete parle apres des Princes du sang Royal en la personne de Nathan, comme nous auons veu, lesquels certainement en nostre France ont grand subiect de ressentir la perte qu'ils ont faicte, perdant la plus belle fleur de leur bouquet, auec lequel ils descendent tous de la tres-illustre maison de Bourbon, qu'a illustré & decoré ce Royaume, tellement que les vestiges de leurs deuotions se font veoir en tant de maisons de Religions par eux fondees, comme aussi en toutes les autres œuures pieuses. De façon qu'à grand peine se trouuera Eglise qui ne soit marquee de leurs biens-faicts particuliers, comme ressentant tousiours la tige de ce grand Roy sainct Louys, duquel ils sortent. Ils ont esté tousiours le support & appuy de ceste Couronne, comme nous auons encores trois reiettons, qui soustiendront les Lys d'icelle, & feront paroistre leur vertu & courage Royal, accompagné de la vraye Religion Catholique, Apostolique, & Romaine, de laquelle ils font tous profession, mais auec vn grand subiet de deplorer ce miserable espanchement de leur sang, & ensemble de considerer la fragilité de nostre nature. Car pour esleuee qu'elle soit aux personnes des Rois & des Princes, la mort ne luy garde priuilege. C'est la cause pour laquelle les anciens ne l'ont iamais voulu mettre au rang des Deitez, ny luy offrir sacrifice, estant inexorable & tousiours cruelle. Mais où elle a monstré le plus horrible traict de sa cruauté, c'est au cruel massacre de nostre defunct Roy. Car iaçoit que l'escriture saincte & les lettres humaines nous exhibent plusieurs exēples des Rois & Princes assassinez & morts de mort violente, tellement qu'à peine se trouue vn

Empereur Romain qui soit mort en son lict: toutesfois en ceux-là la cause a esté ou leur tyrannie, ou les offenses particulieres commises contre les siens: mais nostre defunct qui auec sa clemence auoit obligé tout le monde, & auec sa debonnaireté attiroit à soy les yeux d'vn chacun en particulier, ne meritoir vn si cruel traittement de la traistresse fortune, d'où la douleur & ressentiment doit estre plus grãd à la poictrine des siens: à fin que gemissent aussi bien, *Familia domus Nathan, seorsum.*

Et ne deuons oublier de mettre au frontispice de ceste consideration la tres-auguste Royne Marguerite nee fille & sœur des Roys, descendant auec nostre defunct HENRY IIII. de la tres-illustre & tres-ancienne famille dudict Roy S. Louys, lequel defunct Prince elle a tousiours aymé, cõme frere, respecté comme Roy, & chery cõme sien: ainsi a-elle monstré le ressentiment de sa mort à l'equipolent de son amour, portãt en son front la marque de sa tristesse, & en ses yeux les larmes perpetuelles sans pouuoir iusques à maintenãt estre resoluë ny consolee; comme de verité elle a faict, pour son particulier vne perte tres grande, perdant vn Roy, lequel d'autant plus qu'il cognoissoit les perfectiõs que Dieu & la nature auoiẽt accumulees en sa personne, la cherissoit, aymoit & fauorisoit plus qu'aucun autre de son Royaume, la rendãt inuincible par ses faueurs lesquels elle recognoit fort biẽ: tousiours recognoissant en la personne du fils viuant les biẽsfaicts du pere mort, par l'obeissãce à l'vn & charité enuers l'autre, par tãt de seruices & prieres qu'elle qu'elle a fait faire pour son ame, & demonstrations qu'elle donne de sa douleur interne, afin que la recognoissions la premiere plorante en la famille de Nathan, c'est à dire, comme premiere Princesse du sang.

Apres ces Princes les Prophetes representent les pleurs des Ecclesiastiques en la personne de Leui, lesquels ont occasion de ressentir plus que tous autres Estats du Royaume, car il leur seruoit de Pere & protecteur, comme le protesta nostre sainct Pere au consistoire qu'il tint apres la nouuelle receuë de sa mort, disant que toute l'Eglise auoit faict vne perte singuliere, voire toute la Chrestienté, & plus particulierement le S. Siege; duquel depuis sa reconciliation il s'estoit tousiours monstré vray fils aisné ; & encores plus en particulier le Clergé de son Royaume, lequel il conseruoit & maintenoit auec sa presence & authorité sans auoir iamais permis que de son temps se soit faicte aucune alienation des biens Ecclesiastiques; & protestant de n'en pouruoir point aux Eueschez & charges semblables que personnes dignes & capables : il les tenoit tousiours aupres de soy, pour s'en seruir aux occasions, comme Dieu auoit donné Aaron à Moyse: afin que tous deux ensemble conseruassent & l'Estat Ecclesiastique & Politique, comme luymesme respõdit à la harangue que luy fit Monsieur de la Guesle Archeuesque de Tours l'an 1598. luy disant; Faictes vostre deuoir selon vostre vocation, & ie feray le mien selon la mienne: & ainsi nous nous rencontrerons tous en vne fin heureuse & recommendable deuant Dieu & deuant les hommes. Nous pouuons dire en noſtre religion de S. Fraçois que nous nous ſommes reſſentis bien auant de ſa protection, & par conſequent tous les Chreſtiés de l'Egliſe Catholique, Apoſtolique & romaine : Car nous auons en la terre ſaincte ſix Conuents de noſtre Ordre, leſquels ſeuls ſõt la retraite des chreſtiés Latins lors que leur deuotiõ les trãſporte par de là pour viſiter les lieux ſaincts & auſquels ſeuls ſe celebre le diuin myſtere ſelon l'vſage Romain: deſquels le grand Turc a voulu chaſſer les religieux pour le dommage que celà apportoit à ſa ſecte, tant pour la vie exemplaire de nos peres, que pour les inſtructions qu'ils donnent aux habitans du pays: lequel coup a eſté empeché par la ſeule authorité du defunct Roy, qui interuint par le moyen de ſon Ambaſſadeur enuers le grand Seigneur. Il a bien faict paroiſtre combien il auoit dans l'ame graué le deſir de veoir fleurir l'Egliſe, par le moyen des perſonnes doctes, excitant la Nobleſſe de ſe rédre de ceſt ordre Eccleſiaſtique. Et afin que l'exercice de la saincte Theologie ne leur mãquaſt, a fondé deux chaires de Theologie, ordonnant deux Lecteurs Royaux, auſquels ordonna gages & entretenemens, & voulut qu'ils fuſſent touſiours prins du tres-ancien & ſcientifique College de Sorbonne, comme auiourd'huy les voyons exercés, par deux perſonages des plus celebres de toute l'Europe, qu'auec leçons tres-doctes & pleins de doctrine, font ſortir vne popiliniare de ieunes hommes exercez en la diuine ſcience, qui produiſent des fruicts admirables parmy tout ce Royaume.

En luy finablement s'est accomply ce que disoit Platon, Que la maison Royalle deuoit estre bastie pres du temple, comme Salomon l'auoit auparauāt fait faire de son temps: c'est à dire, que l'Estat conseruast la Religiō, & la Religiō se trouuast tousiours florissante au milieu d'iceluy: car si l'vn d'iceux perit, l'autre ne peut durer. C'est pourquoy le Prophete dit, que la maison & famille de Leui doit plorer la mort du Roy qui les cōseruoit & nos Ecclesiastiques auiourd'huy ont biē plus grand subiect de larmoyer & porter du dueil pour vne si grande perte comme ils ont fait, *& plorabunt familiæ domus Leui seorsum.*

Le Prophete n'a point oublié le ressentimēt de la Noblesse dessous le nom de la famille de Semei, de laquelle les principaux estoient ceux qui assistoient plus aux Roys, & participoient plus de ses maux ou de ses biens. En quoy certainement nostre deffunct Roy a excedé tous les autres Rois: car il a tellemēt esté aimé & accompagné de sa Noblesse, qu'il n'auoit ja besoin de se seruir de la loy de Charles VI. pour chastier ceux qui ne viendroient point estans appellez par luy. Car tous les Gētils-hommes de France se rendoient tellement sujets aupres de sa persōne, qu'il sembloit que luy seul estoit le soleil qui les esclairoit & l'ame qui les viuifioit: & ainsi les entretenoit-il, non auec petits presens, mais auec grosses pēsions plus qu'aucun de ses predecesseurs. Tout le monde sçait la diligence qu'il mit l'an 1606. pour remedier aux pauures nobles & autres gens-d'armes estropiez, commandant qu'on appliquast les reliques des reuenus des Hospitaux, Aumoneries & semblables maisons, lesquels leur estoient distribuez par pensions annuelles, selon le merite d'vn chacun; Le iugement desquels il commit à Monseigneur le Connestable & autres grands personnages de ce Royaume. Il honora tousiours les vrais Nobles, qui se sont redus remarquables par leurs actions particulieres & dignes de louange, sans faire grand estat de ceux qui seulement se glorifient en la noblesse de leur sang, semblables à la corneille d'Horace, qui n'estoit couuerte que de plumes empruntees.

Les Arcadiens & les Romains faisoient porter à leurs nobles la figure d'vn croissant atachee à leurs souliers, pour representer que la noblesse doit tousiours croistre par les actions procedantes de la vertu: car comme dit Ciceron, *Verum decus in virtute positum est*: c'est ceste noblesse que nostre deffunct Roy admettoit, laquelle doit certainement deplorer, de se voir prince d'iceluy: les yeux duquel seulement la rendoient bien heureuse, qui sçauoit bien recognoistre les merites d'vn chacun, & les prisoit & estimoit, comme à la verité la Noblesse de France est la premiere, & en antiquité de sang & valeur de toutes celles qui se trouuent au monde. Ainsi a elle monstré combien la touchoit plus au cœur la mort de son Roy, qu'à tout l'autre peuple du Royaume, & la porte plus impatiemment. Ce que confirmé tant de larmes espanchees, sans admettre consolation: Car *plorabunt familia domus Se-*

mei seorsum. Le Prophete descrit à la fin les douleurs & gemissemens du tiers estat, lequel en ce Royaume a bien sujet de plorer la perte d'vn si grand Prince, qui a tousiours mesprisé son bien & vtilité particuliere pour le bien public des siens, d'où est venu que si tost qu'on luy a ouuert la porte de la paix, n'a point regardé les aduantages qu'il auoit sur ses ennemis continuant la guerre, mais le bien & vtilité de son peuple, luy acquerāt vne paix publique & vniuerselle, comme portant sur ses espaules la charge d'iceluy. Moyse se plaignoit à Dieu de se voir charger du gouuernement du peuple Israëlitique, disant: *Cur imposuisti Domine pondus vniuersi populi huius super me?* comme si le peuple fust porté sur les espaules du Roy. Ce que Samuel semble auoir voulu signifier, reseruant pour banqueter Saül (qu'il auoit commandement de Dieu, d'oindre pour Roy) vne espaule de mouton, luy disant; Mange: car de propos deliberé ce morceau t'a esté reserué. Et Esaye disoit de la personne de nostre Seigneur, *Factus est principatus super humerum eius.* Cōme si d'en haut doit venir au Roy la grace pour bien s'acquiter de la charge qu'il a prise. Pour laquelle cause me semble que Plutarque a iustement parangonné les Rois au Pilote & patron de nauire, lequel pour bien le gouuerner doit tousiours auoir vn œil en l'estoille du Nort, qui est sa guide, & vn autre au vaisseau qu'il gouuerne. De mesme le Roy doit auoir vn œil au Ciel pour impetrer la grace de Dieu, & vn autre en terre pour considerer les necessitez de son peuple. Pour ceste mesme raison

C iij

Homere & Platon ont comparé les Rois aux pasteurs des brebis, qui ont vn soing particulier de chercher la bonne pasture pour leur troupeau, & le defendre des assauts des loups & autres animaux rauissans, côme Dauid tesmoigne l'auoir fait pendant qu'il gardoit les brebis de son pere, & Iacob disoit à Labã qu'il n'auoit pris repos ny iour ny nuict pour defendre & conseruer ses troupeaux. Car ce n'est pas moindre vertu au Roy de defendre les siens des meschans, que de les conseruer pleins de prosperité. Buseneus Roy des Scytes portoit pour deuise vne espee toute nuë, & vne corde attachee à la pointe d'icelle, donnãt à entendre que pour conseruer les siens il auoit l'espee pour faire trancher la teste aux grands, & des cordes pour faire pendre les meschans. Helas! combien nostre deffunct Roy HENRY IIII. s'est en cecy rendu admirable: car non seulement pacifia son peuple au dehors, comme nous auons dit, mais encores au dedans: car en vn instant fit cesser toute espece de volleries & brigãdages, de maniere qu'il sembloit que la Frãce fust vne seule maison domestique où chacun pouuoit aller en toute seurté, remit la culture de la terre en sa perfectiõ, le traffic & la marchandise en sa liberté, l'ordre & la police en toutes choses, tenant son esprit comme vn arc bandé à la recherche & moyens d'enrichir son peuple, & le rendre de tous costez biẽheureux. Quand la paix de Veruin fut publiee sur la remonstrance qu'on luy fit de la pauureté & misere du peuple, remit auec vn esprit genereux & liberal tout le reste des tailles qui luy estoient deues qui montoient à des sommes tres-grandes, n'aspirant à autre chose qu'à bonifier ses subiects. Parquoy certainement nous auons tous matiere & sujet de plorer incessamment la mort, nous voyans priuez de nostre bien facteur vniuersel, & apres auoir laissé couler de nos yeux vn ruisseau de larmes, luy exhiber le dernier seruice, priant la diuine Majesté pour le salut de son ame : car c'est la principale cause de nostre conuocation en ce lieu, qui nous est representee, par les offices & Messes solemnelles que nous entendons chanter. Car comme dit sainct Augustin, on fait commemoration des ames des trespassez à l'autel, afin que Dieu misericordieux leur soit propice. Prions donc la diuine bôté qu'elle glorifie son ame là haut au Ciel, & à nous tous communique sa grace; & à la fin face iouissans de sa gloire. *Amen.*

Extraict du priuilege du Roy.

PAr grace & priuilege du Roy, il est permis au R. Pere frere Iacques Suares de Saincte Marie Obseruantin Portugais, Docteur en Theologie, Predicateur ordinaire & Conseiller de sa Maiesté, de faire imprimer le *Sermon funebre* par luy presché à *S. Iacques de la Boucherie.* Et defence à tous Libraires & Imprimeurs de le faire imprimer, sur les peines portees audit priuilege, durant le temps de six ans. Donné à Paris le 9. iour de Iuillet 1610. & de nostre regne le premier.

Par le Roy en son Conseil,
    signé   CHALOPIN.

Et scellé du grand sceau en cire iaune.

Le R. P. *Suares* a faict transport dudit priuilege & donné permission à *Nicolas du Fossé,* de faire imprimer ledit *Sermon funebre.* Faict ce 9. iour de Iuillet 1610.

www.ingramcontent.com/pod-product-compliance
Lightning Source LLC
Chambersburg PA
CBHW060516050426
42451CB00009B/1006